# en el OCÉANO

TEXTO DE PAUL BENNETT

TRADUCCIÓN DE OLGA NÚÑEZ

# EN EL OCÉANO

Se puede encontrar vida a lo largo y ancho de los océanos, desde las aguas superficiales iluminadas por los rayos del Sol hasta las grandes profundidades donde reina la más absoluta oscuridad. Esto hace que los océanos sean con diferencia el hábita más grande de nuestro planeta. Cubren la mayor parte de la superficie terrestre y, sin embargo, debido a su inmensidad, todavía no se ha explorado una vasta parte de los mismos. Los temibles monstruos marinos que los marineros de antaño aseguraban habían atacado sus embarcaciones en las largas travesías eran, sin duda, vuelos de la imaginación. No obstante, descubrirás que en las profundidades saladas habitan criaturas monstruosas. Los océanos rebosan de vida. Algunos animales marinos son diminutos. Por ejemplo, necesitarías un microscopio para ver e fitoplancton (unas algas que forman la base de la vida oceánica). Otros, por e contrario, son enormes: la ballena azu es el animal más grande que jamás ha existido. Puede alcanzar una longitud de hasta 30 metros y pesar más de 150 toneladas. Este cetáceo se encuentra en la actualidad en vías de extinción por haber constituido una presa muy codiciada en el pasado.

## ALGO MÁS QUE UNA CARA SIMPÁTICA

El delfín mular parece que tiene una sonrisa de complicidad en la cara. Es un animal muy inteligente y puede "hablar" con sus congéneres emitiendo una amplia gama de chasquidos y silbidos. Los delfines, al igual que las ballenas, no son peces sino mamíferos, lo que significa que las madres alimentan a sus crías con la leche de las mamas.

## INSÓLITO Y MARAVILLOSO

El dragón marino es tan sólo uno de los muchos curiosos moradores de los océanos. En realidad, es un tipo de caballito de mar, que es un pez pequeño. Aunque no es un buen nadador, está bien adaptado a su vida en los lechos de algas marinas que crecen en las aguas poco profundas de Australasia. Sus aletas a mode de hojas le proporcionan un excelente camuflaje cuando se desplaza por las algas.

## EL PLANETA OCÉANO

Desde el espacio, la Tierra es un mundo azul ya que los océanos cubren casi las tres cuartas partes de su superficie. El agua es esencial para la vida y fue en los primeros océanos donde comenzó la vida de nuestro planeta. Los océanos ocultan paisajes más variados y espectaculares que cualquiera de los que se encuentran en la superficie emergida. Hay extensas cordilleras que alcanzan alturas elevadísimas, fosas de gran profundidad en el lecho marino y llanuras que se extienden a lo largo de miles de kilómetros cuadrados. Tal vez, en lugar del "Planeta Tierra", nuestro mundo debería llamarse "Planeta Océano".

## VELOCIDAD Y FUERZA

Un marlín negro da grandes saltos fuera del agua. Su fuerza y la configuración de su cuerpo hacen de este pez uno de los nadadores más rápidos del océano. Los huesos nasales de la mandíbula superior se prolongan formando una larga punta y su cuerpo hidrodinámico se estrecha poco a poco hasta que se encuentra con la cola. Para alimentarse ataca bancos de peces a gran velocidad y con una precisión extraordinaria.

## UN GIGANTE DÓCIL

A pesar de su descomunal tamaño, la ballena jorobada es totalmente inofensiva para el hombre. Aún con sus 16 metros de longitud y 65 toneladas de peso, es una nadadora garbosa. Utiliza sus grandes aletas para mover su voluminoso cuerpo con facilidad. La ballena jorobada pertenece al grupo de las ballenas con barbas porque está provista de unas barbas que cuelgan en hilera de la mandíbula superior. Las barbas sirven de colador para atrapar pequeños peces o krill cuando expulsa una enorme bocanada de agua.

## LOS JARDINES SUBMARINOS

Los arrecifes de coral rebosan de vida. Sólo crecen en aguas cálidas, limpias, poco profundas e iluminadas. La mayoría se encuentran en los trópicos, donde hay una plataforma rocosa a poca distancia de la superficie. Muchos de los peces que habitan entre los corales tienen cuerpos aplanados, lo que les permite adentrarse en los numerosos recovecos de los bancos de coral.

# Los Océanos del Mundo

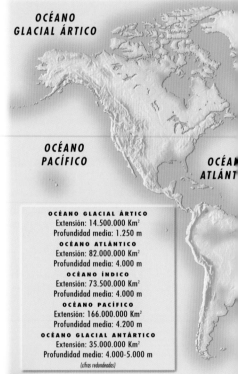

**E**n el mundo hay cinco océanos (el Pacífico, el Atlántico, el Índico, el Glacial Ártico y el Glacial Antártico), todos ellos conectados entre sí para formar una gran masa de agua salada. Los océanos están unidos a los mares, pero éstos cubren una extensión menor que los océanos y son menos profundos. El mar Mediterráneo, por ejemplo, un mar continental situado entre el sur de Europa y el norte de África, se comunica con el océano Atlántico a través del estrecho de Gibraltar. Los océanos afectan el clima. La gravedad del Sol y de la Luna origina las mareas. Las corrientes oceánicas ejercen una influencia importante en el movimiento del plancton y en los animales marinos de gran tamaño.

## EL OCÉANO ATLÁNTICO

El océano Atlántico es el segundo océano más grande del mundo. Linda al oeste con América y al este con Europa y África. Una corriente, denominada la Corriente del Golfo, transporta agua caliente desde los trópicos hasta la costa de Noruega, donde impide que el mar se congele. Bajo el océano hay una vasta cordillera llamada la Dorsal Medioatlántica, que es más larga que la cordillera del Himalaya.

**OCÉANO GLACIAL ÁRTICO**
Extensión: 14.500.000 Km²
Profundidad media: 1.250 m
**OCÉANO ATLÁNTICO**
Extensión: 82.000.000 Km²
Profundidad media: 4.000 m
**OCÉANO ÍNDICO**
Extensión: 73.500.000 Km²
Profundidad media: 4.000 m
**OCÉANO PACÍFICO**
Extensión: 166.000.000 Km²
Profundidad media: 4.200 m
**OCÉANO GLACIAL ANTÁRTICO**
Extensión: 35.000.000 Km²
Profundidad media: 4.000-5.000 m
*(cifras redondeadas)*

## EL OCÉANO GLACIAL ANTÁRTICO

Formado por las aguas meridionales de los océanos Pacífico, Atlántico e Índico, el océano Glacial Antártico rodea la Antártida, una vasta zona de tierra cubierta de nieve y hielo situada en el polo sur. Sus frías aguas albergan variadísimas formas de vida animal, entre las que se encuentra esta foca cangrejera, que posee dientes desiguales para atrapar krill (diminutas criaturas similares a las quisquillas) de las que se alimenta casi exclusivamente.

## EL OCÉANO GLACIAL ÁRTICO

El océano Glacial Ártico es un océano parcialmente congelado que se extiende al norte de América, Asia y Europa. En verano se derrite gran parte de la masa flotante de hielo, reduciendo así la zona cubierta de hielo marino. Además, se desprenden grandes fragmentos de hielo de los bordes de los glaciares que circundan Groenlandia y se alejan flotando en forma de gigantescos icebergs.

OCÉANO
GLACIAL ÁRTICO

OCÉANO
PACÍFICO

OCÉANO
ÍNDICO

OCÉANO GLACIAL ANTÁRTICO

## EL OCÉANO PACÍFICO

El Pacífico es el océano más grande y profundo del mundo. Su extensión duplica la del Atlántico. Pese a su nombre, este océano tiene algunas de las condiciones atmosféricas y marítimas más violentas del mundo, con tormentas tropicales destructivas y tsunamis (olas gigantescas causadas por movimientos sísmicos en el fondo del mar).

## EL OCÉANO ÍNDICO

Éste es un océano de extremos, con un clima cálido y tropical en el norte y glacial en la zona donde confluye con las aguas del océano Glacial Antártico. El océano Índico está sembrado de islas de extraordinaria belleza. Éste es el atolón Kaafu (en las islas Maldivas), parte de un grupo de islas de coral enclavadas al sudoeste de la India.

# Las Capas de la Vida

Los científicos dividen los océanos en capas o zonas, de forma que si viajaras al fondo del océano en un sumergible verías las aguas superficiales iluminadas por el Sol dando paso a la zona crepuscular a unos 200 metros de profundidad. Allí, las aguas reciben muy poca luz y la temperatura del agua comienza a descender rápidamente. Por debajo de los 1.000 metros, entrarías en la zona oscura del mar profundo donde no penetran los rayos solares. Todavía a más profundidad se encuentran el abismo y las fosas. La fosa de las Marianas del Pacífico occidental (11.034 metros) es la fosa marina más profunda del mundo.

## EN LAS AGUAS SUPERFICIALES

Tanto en la costa como en el océano abierto, los animales y las plantas son más abundantes en las profundidades superficiales iluminadas por la luz solar.

## LOS PECES VOLADORES

En el océano abierto se pueden encontrar peces voladores, que son capaces de generar suficiente velocidad bajo el agua como para salir a la superficie y, utilizando sus aletas pectorales a modo de alas, planear en el aire durante 30 segundos o más para huir de sus enemigos.

## EN LA ZONA CREPUSCULAR

Debajo de las aguas superficiales se encuentran las profundidades umbrías de la zona crepuscular. La vida allí es menos pródiga que en las aguas superiores iluminadas por el Sol, pero es más abundante que en el lóbrego océano profundo. Algunos de los animales que pueblan esta zona, como estas esponjas, pueden verse en otras profundidades. Las esponjas no nadan libremente sino que permanecen inmóviles en el mismo lugar casi toda su vida. Este tipo de criaturas se llaman animales sesiles.

## EL OCÉANO PROFUNDO

En algunas partes del suelo oceánico del Pacífico y del Atlántico se han descubierto unas chimeneas hidrotermales que arrojan agua caliente muy rica en sustancias químicas. La materia marrón está formada por unos microbios, llamados bacterias, que crean comida a partir de las sustancias químicas. Estas bacterias son, a su vez, la principal fuente de alimento de los gusanos tubícolas (los animales blancos) y otras criaturas.

## LAS PROFUNDIDADES OCEÁNICAS

200 METROS

1,000 METROS

4,000 METROS

## UN VIAJE A LAS PROFUNDIDADES DEL OCÉANO

Desde la ventana de un sumergible verías cómo cambia la vida a medida que desciendes. En la superficie iluminada abundan los peces, tanto pequeños como grandes. Sin embargo, mientras atraviesas la zona crepuscular y enciendes los reflectores del sumergible, percibirías cada vez menos peces. A partir de las profundidades gélidas y negras de la zona oscura tan sólo alcanzarías a ver criaturas de manera fugaz. Si apagaras las luces, tal vez percibirías unos diminutos destellos de luz en movimiento (la luz que se produce en la piel de algunos seres vivos, llamada bioluminiscencia).

# EN LAS AGUAS ILUMINADAS

as regiones superiores de los océanos rebosan de vida. Aquí la luz solar puede penetrar el agua y suministrar la energía suficiente que necesitan las plantas para convertir las sustancias químicas del agua en comida. Este proceso se denomina fotosíntesis. A excepción de los animales que viven alrededor de las chimeneas hidrotermales de los suelos oceánicos (ver página 7), el primer eslabón de la cadena alimenticia de toda la vida oceánica la constituye el fitoplancton (plantas microscópicas que florecen en las aguas iluminadas por el Sol), del que se alimentan unos animales diminutos llamados zooplancton, quienes, a su vez, son ingeridos por animales mayores.

## EL ZOOPLANCTON

El zooplancton flota entre el fitoplancton. A estos animales se les unen las larvas de cangrejos y langostas así como moluscos, pequeños camarones y cangrejos nadadores. Se alimentan del fitoplancton, se comen entre ellos o ambas cosas. Esta comunidad de organismos que van a la deriva se llama plancton y forma una rica sopa de la que dependen muchos animales para su supervivencia.

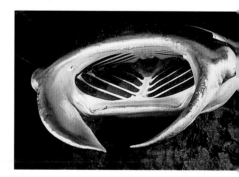

## LAS MEDUSAS

Las medusas son invertebrados, es decir, carecen de columna vertebral. Esta medusa brújula o compás (izquierda) flota cerca de la superficie del agua en grandes grupos que a menudo son arrastrados por el viento hacia la costa. Sus largos tentáculos están armados de células urticantes para atrapar a los peces y otros animales que tropiezan con ellas. Las células urticantes de algunas medusas son muy peligrosas. Por ejemplo, la cubomedusa o avispa de mar de Australasia puede matar a una persona en menos de cinco minutos. Para protegerse de sus tentáculos, los socorristas australianos se cubrían el cuerpo con enormes medias de mujer.

## MARAÑAS DE ALGAS FLOTANTES

El mar de los Sargazos (océano Atlántico) está poblado de marañas de algas de color pardo, llamadas sargazos, que se mantienen a flote gracias a sus pequeñas vejigas de aire. Las algas proceden originalmente de los lechos de algas de las aguas tropicales poco profundas, pero durante las tormentas flotan hacia el océano abierto. En poco tiempo, comienzan a atraer una amplia variedad de criaturas (ver página 27).

## EL PEZ LORO

Un pez loro arranca trocitos de coral con sus afilados dientes en forma de pico y después los tritura con las muelas para extraer los pólipos (ver página 18). Los arrecifes de coral tienen fama por su abundancia de peces de colores. Las vivas tonalidades de sus libreas hacen que destaquen cuando nadan por los alrededores del arrecife, pero les sirven de excelente camuflaje cuando se cobijan en los corales para protegerse de sus depredadores.

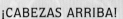

## ¡CABEZAS ARRIBA!

Las anguilas jardín habitan en las grandes extensiones de arena que cubren el suelo oceánico próximo a los litorales de los continentes. Entierran la cola en la arena fangosa y, con la cabeza erguida, se alimentan de las partículas de comida que transportan las corrientes.

## UN PEZ CON UNA BOCA ENORME

La dieta de plancton de la manta es tan nutritiva que puede crecer hasta siete metros de ancho y pesar más de una tonelada y media. A cada lado de la cabeza dispone de unos lóbulos arqueados hacia adelante que utiliza para dirigir la comida hacia la boca. Atrapa el plancton con unos densos filtros branquiales cuando el agua abandona su garganta por unas ranuras situadas a ambos lados de la cabeza.

## EN TROPEL

Un banco de sardinas se alimenta de los organismos vivientes del plancton. Éstos y otros peces pequeños, como los arenques, los boquerones y los peces voladores, son perseguidos por depredadores marinos, entre los que se incluye la caballa, que son poco más grandes que sus presas. Nadan en grupo para seguirse las unas a las otras en su búsqueda de aguas ricas en alimentos y para defenderse de sus depredadores que, al ver tantas juntas, no saben cuál atacar primero.

# La Zona Crepuscular

A medida que descendemos, más oscuros y gélidos se vuelven los océanos. La luz se desvanece rápidamente y el agua alcanza en seguida temperaturas álgidas. En esta zona no crecen algas, por lo que la comida es escasa. Sin embargo, hay una lluvia constante de partículas detríticas (restos de cadáveres y excrementos) que desciende lentamente desde la superficie y que sirve de alimento al zooplancton, a los camarones y a los peces que viven en esta zona crepuscular. Muchas criaturas están provistas de ojos muy grandes para poder ver en la tenue luz y de cuerpos de color rojo, marrón o negro para camuflarse en la oscuridad. Además, la mayoría de estos animales producen su propia luz, generada por unos órganos luminiscentes llamados fotóforos. A veces, la luz se encuentra en la parte inferior del cuerpo para que las criaturas sean menos visibles. Algunos animales se resguardan de día en esta región crepuscular pero de noche ascienden a aguas más superficiales para alimentarse.

## LAS ESPONJAS

Estas esponjas viven en el fondo oceánico. Filtran partículas de comida del agua que absorben a través de los pequeños poros laterales y expulsan por los ósculos más grandes. A mayor profundidad, más escasa es la comida. Con tan poco alimento disponible, los animales que pueblan las profundidades marinas puede tardar mucho tiempo en alcanzar una madurez plena.

## DIENTES COMO PUÑALES

El pez víbora dispone de unos largos y afilados dientes a modo de puñales para atrapar a sus presas. Como los dientes de abajo son tan largos, la mandíbula inferior es más grande que la superior. De hecho, no le caben en la boca cuando está cerrada. Además, en el interior de la boca hay unos órganos luminosos que utiliza para atraer a sus presas. Abre las mandíbulas muchísimo para poder tragar la comida.

# LOS CALAMARES

Este animal en forma de torpedo es una de las criaturas marinas más comunes. El calamar de la fotografía dispone de unos órganos situados a lo largo del cuerpo que iluminan su paso por el fondo oceánico. Debido a la alta presión que ejerce el agua sobre los cuerpos de los animales que viven en las profundidades del océano, muchos son pequeños. No obstante, hay excepciones, como el calamar gigante, que vive en profundidades de hasta 1.000 metros y que puede llegar a alcanzar 20 metros de longitud.

# EL LIRIO DE MAR

Aunque a primera vista parece una planta, se trata de un animal llamado crinoideo o lirio de mar. Sus delicadas "hojas" son en realidad brazos en forma de pluma dispuestos alrededor de la boca. El lirio de mar de la fotografía está en un arrecife coralino cerca de la superficie del agua, pero otros se encuentran a una profundidad mucho mayor (algunos lirios de mar viven en el fondo marino y en las fosas oceánicas).

# TODO OJOS Y BOCA

El pez hacha recibe su nombre por su vientre extraordinariamente profundo, que le da la apariencia de un hacha. Sus enormes ojos están especialmente diseñados para ver en la oscuridad y son muchísimo más sensibles a la luz que el ojo humano. Algunos peces hacha miran hacia arriba con la esperanza de ver el contorno de su presa a contraluz y después atraparla con su enorme boca. A la derecha puedes ver el esqueleto de un pez hacha con sus espinas pintadas de rojo.

# EL OCÉANO PROFUNDO

La luz solar nunca alcanza profundidades superiores a los 1.000 metros, de ahí que en las profundidades oceánicas reine la más absoluta oscuridad. Como gran parte de la lluvia detrítica es digerida en las capas superiores, la comida es escasa, y como consecuencia, hay menos animales en las grandes profundidades. La llanura abisal, situada a 6.000 metros de profundidad, está cubierta por una capa de lodo. Esta alfombra fangosa puede ser muy gruesa (alcanza profundidades de cientos de metros en algunas zonas) y muy blanda. Se pueden encontrar nódulos (trocitos duros y redondos de minerales como el magnesio, el níquel y el hierro) diseminados por algunas partes del suelo oceánico. Algunos son del tamaño de una cereza pero otros son tan grandes como un pomelo. No llegan allí arrastrados por las corrientes sino que se forman en aguas muy profundas. Los nódulos son sumamente valiosos y el hombre los extrae dragando.

## EL PESCADOR ABISAL

Este pez fantasmagórico de dientes afilados y grandes mandíbulas tiene en la cabeza un señuelo luminoso cuyo brillo tienta a otros peces a pensar que es comida. Si un pez cae en la trampa y se acerca al señuelo, el pescador abisal se lo traga de un bocado. La hembra puede ser hasta 20 veces más grande que el macho. Para procrearse, el macho utiliza los dientes para anclarse al cuerpo de la hembra cerca de su apertura reproductora. Sorprendentemente, el cuerpo del macho comienza a fusionarse con el cuerpo de la hembra y sus sistemas circulatorios quedan intercomunicados. A partir de entonces, ya no puede nadar más y se queda prendido al cuerpo de la hembra para siempre, fertilizando sus huevos el resto de su vida.

## UNA BOCA PARA ENGULLIR

La anguila voraz o pez pelícano hace honor a su nombre. Para atrapar a sus presas, se desplaza sigilosamente a través de la impenetrable oscuridad del océano con la boca completamente abierta. Cuando se cruza en su camino un pez pequeño o un camarón, cierra la boca inmediatamente y lo engulle de un bocado para que no tenga tiempo a escapar.

## UN PEZ CON ZANCOS

El pez trípode dispone de una adaptación especial para su vida en el fondo oceánico: unos largos y finos filamentos que le sirven de zancos para poder erguirse o moverse a través del fango. Los zancos están situados a cada lado de las aletas pélvicas y en la aleta caudal, actuando como un trípode, de ahí que el pez pueda mantenerse fuera del fango y moverse sin levantar del fondo nubes de partículas. Además, el pez posee una larga antena para "ver" en la oscuridad.

## UNA ESPONJA DELICADA

Esta ilustración muestra el esqueleto de la regadera de Venus, una esponja muy frágil que habita en el fondo oceánico. Se encuentra en colonias y mide hasta 30 cm de longitud.

## LA OFIURA

Las ofiuras se encuentran arrastrándose lentamente por el fondo oceánico. Sus brazos son estrechos y muy frágiles y se rompen con facilidad, pero se regeneran con rapidez. Utiliza los brazos para recoger las partículas alimenticias que arrastra la corriente.

## EL PEZ COLA DE RATA

El cuerpo de este diminuto pez es tan largo y delgado que parece la cola de una rata. Los peces que viven en las grandes profundidades son generalmente pequeños y delicados, debido en parte a la escasez de alimentos y nutrientes que necesitan para crecer. El pez cola de rata vive por debajo de las fuertes corrientes oceánicas donde el agua no se mueve y, por lo tanto, no necesita un cuerpo poderoso para nadar. Esto explica que haya desarrollado su característica forma de cola de rata.

## EL PEPINO DE MAR

Los pepinos o cohombros de mar son animales gelatinosos que se arrastran por el suelo de los mares y océanos. Se alimentan de organismos microscópicos, barro y arena. Algunas especies que habitan en las aguas profundas tienen pies tubulares que utilizan para realizar las lentas contracciones con las que se mueven por el cieno.

# EN LA OSCURIDAD

EN LA OSCURIDAD

## UN CRISTAL MULTICOLOR

La fabulosa medusa de cristal exhibe los colores del arco iris. Puede encontrarse flotando a la deriva en todos los océanos del mundo, desde las aguas superficiales hasta la zona crepuscular. Tiene un cuerpo transparente en forma de cúpula y una apertura por donde ingiere la comida y expulsa los deshechos.

El océano profundo es un lugar muy inhóspito: la luz solar nunca llega más allá de los 1.000 metros de profundidad, la temperatura del agua es gélida, la comida es escasa y la presión de miles de toneladas de agua es tan grande que podría aplastar a un submarinista en un instante si llegara a sumergirse a tanta profundidad. Los animales que viven en esta zona tienen adaptaciones especiales que les permiten sobrevivir en estas durísimas condiciones. Por ejemplo, muchos depredadores abisales están provistos de enormes mandíbulas para atrapar a sus presas (que a menudo son varias veces más grandes que ellos) y estómagos que pueden dilatarse cuando reciben "bocados" enormes. Esto es necesario porque los encuentros entre animales en las profundidades abisales son pocos y no deben dejar escapar ninguna oportunidad que se les presente, por muy grande que sea la presa.

## UNA MORDEDURA FEROZ

Los colmillos espeluznantes de este pez abisal no son para arrancar grandes trozos de su presa sino para atrapar a un desafortunado pez en el interior de su boca cavernosa. Están doblados hacia atrás para que el pez pueda entrar con facilidad. Si su presa es muy grande -quizás incluso más grande que él- es posible que no pueda cerrar la boca completamente. Entonces los dientes actúan de barrera, impidiendo que el pez se escape.

## LUZ NATURAL

En las profundidades oceánicas, la única luz natural que verás es la de los animales que viven allí. En casi todos los casos, el brillo procede de los fotóforos de sus cuerpos. El hecho de que tantos animales abisales dispongan de estos órganos luminosos es indicativo del importante papel que la luz desempeña en su supervivencia. Pueden utilizarlos para atraer o localizar presas o una pareja, o para confundir al enemigo. Los fotóforos suelen estar situados a los lados de la cabeza, en el costado, en la parte inferior del cuerpo o en los extremos de las aletas.

## UNOS PECES DESPREOCUPADOS

Los peces carnívoros de las profundidades marinas se caracterizan por poseer grandes mandíbulas y formas asombrosas. Por debajo de la zona crepuscular, muy pocos peces tienen vejigas natatorias. Éstas son sacos de aire que permiten a los peces regular su flotación, de tal forma que cuando dejan de nadar no se hundan ni salgan disparados hacia la superficie. En su lugar, los peces abisales alcanzan una "flotación neutral", que logran principalmente gracias a sus ligeros esqueletos y a sus músculos. Además tienen unos cuerpos muy pequeños y muchos no miden más de 10 cm. En la tremenda presión del agua parece que cuando no nadan permanecen inmóviles.

## EL CAMARÓN ESCARLATA

Cuando llega un poco de luz a las profundidades oceánicas, los camarones son de color escarlata. En las aguas iluminadas, su color les haría destacar y serían una presa fácil para un pez hambriento, pero en las aguas más profundas de la zona crepuscular, su colorido les sirve de camuflaje. En la luz tenue, el rojo parece negro para confundir al camarón con el medio. Por debajo de la zona crepuscular, los camarones son prácticamente incoloros y, como la oscuridad los esconde de sus depredadores, no necesitan camuflarse.

# LOS JARDINES SUBMARINOS

En las aguas iluminadas de los océanos crecen "jardines" de algas. En la tierra, las algas crecen en zonas húmedas y son pequeñas, pero en los océanos están en su elemento. El agua mantiene el tallo (o estipe) y las hojas (o frondas) de las algas, lo que permite que algunos tipos lleguen a alcanzar un tamaño enorme. La mayoría de las algas se aferran a las rocas mediante un órgano llamado hapterio o háptero, que impide que se las lleven las olas. Las algas albergan una gran diversidad de animales, entre los que se incluyen algunos peces, cangrejos, quisquillas y erizos de mar.

## EL GUSANO ABANICO

Hay muchos animales marinos que parecen plantas y el gusano abanico es uno de ellos. Utiliza los tentáculos del abanico para atrapar partículas de comida que arrastra la corriente.

## LAS ZONAS DE LAS ALGAS

Al igual que las plantas terrestres, las algas necesitan luz para crecer. Por esta razón, sólo se encuentran en las aguas iluminadas. El color de las algas es indicativo de su profundidad. Cerca de la superficie nacen las algas verdes, como la lechuga de mar. Después vienen las algas verdipardas, como los fucos, a continuación el kelp pardo y finalmente las algas rojas.

## ENVUELTA DE PIES A CABEZA

La nutria marina es un habitante familiar de los lechos de kelp de la costa pacífica de Norteamérica, donde se sumerge para atrapar presas como moluscos, crustáceos y erizos de mar. Una vez que apresa a su víctima, la lleva a la superficie donde, utilizando una piedra a modo de yunque, golpea repetidamente la concha hasta que se rompe y la nutria puede comer su deliciosa carne. Cuando quiere dormir, la nutria da vueltas sobre el kelp hasta quedar completamente envuelta. El kelp impide que la nutria se aleje a la deriva por el efecto de la marea o del viento.

## LOS BOSQUES DE KELP

Este buceador nada a través de un bosque de kelp cerca de la costa de California. Estas grandes algas pardas, que se encuentran en los mares fríos, pueden llegar a medir más de 60 metros, y constituyen un excelente refugio para los animales que viven entre ellas. A diferencia de las plantas terrestres, el kelp y otras algas no necesitan raíces. Pueden absorber el agua y los nutrientes que necesitan del mar que les rodea. El hapterio sirve para anclar las algas a las rocas.

## LA VACA MARINA

A los dugongos también se les llama vacas marinas porque pastan en la hierba que crece en las aguas cálidas y poco profundas de los océanos Índico y Pacífico. Pueden alcanzar 3,6 metros de longitud. Son los únicos mamíferos marinos vegetarianos y son muy tímidos. Los marineros de antaño pensaban que de lejos parecían seres humanos, dando origen a los relatos de las sirenas.

**ALGAS**

**LECHUGA DE MAR**

**FUCO**

**KELP PARDO**

**ALGA ROJA**

# LOS ARRECIFES CORALINOS

Los arrecifes de coral se encuentran en las aguas tropicales cálidas y claras. El arrecife está compuesto por pólipos coralinos, pequeñas criaturas similares a las anémonas que filtran comida del agua. Cada pólipo construye su propio esqueleto exterior protector en el que vive a partir de una sustancia llamada carbonato cálcico (o piedra caliza). Cuando crece, desarrolla un filamento del que brota otro pólipo, que, a su vez, construye un esqueleto protector. Gradualmente, el arrecife crece hacia arriba y hacia afuera. La capa exterior está formada por corales vivos que crecen sobre los esqueletos de los anteriores miembros de la colonia. Con los pólipos viven minúsculas algas, que son esenciales para el crecimiento de los pólipos. Como las algas necesitan los rayos solares para realizar la fotosíntesis, los arrecifes de coral no crecen en profundidades superiores a los 150 metros. Una infinidad de criaturas construyen sus hogares en los arrecifes, creando uno de los ecosistemas más ricos de la naturaleza.

CORAL DURO    CORAL BLANDO

## DUROS Y BLANDOS

Hay corales duros, fabricados por pólipos con esqueleto externo duro, y blandos, construidos por pólipos con esqueleto interno duro. Los corales de los arrecifes tienen formas tan variadas como nombres singulares: cuerno de ciervo, cerebro, abanico de mar, dedos de hombre muerto, tubos de órgano, etc. Hay corales de muchos colores. Los corales duros, como el cuerno de ciervo, son blancos a causa de sus duros esqueletos externos. Sin embargo, los corales blandos son, por lo general, de colores vivos como amarillo, rojo, verde, negro o azul.

## UNA BELLEZA MORTAL

¡No toques este atractivo pez! Se trata de una de las criaturas más venenosas del mar. Las espinas del pez león albergan un veneno que puede dejar heridas graves y muy dolorosas. Sus elegantes aletas y su magnífica coloración a rayas advierten a los depredadores de su peligro.

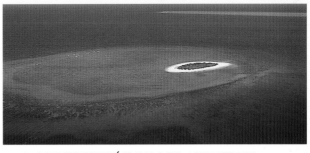

## LA CONSTRUCCIÓN DE LOS ARRECIFES

El arrecife Erskine forma parte de la Gran Barrera de Arrecifes que se extiende a lo largo de 2.000 km por la costa noreste de Australia. Fue edificada por microorganismos del tamaño de la cabeza de un alfiler durante varios millones de años. El islote bajo se llama cayo y está formado por fragmentos de coral. En el océano Pacífico, los arrecifes se disponen a menudo en forma anular alrededor de las islas volcánicas. A estos arrecifes se les conoce con el nombre de arrecifes barrera y el agua que se encuentra en su interior recibe el nombre de laguna. Los atolones son arrecifes circulares o islas coralinas dispuestas en forma anular que encierran una laguna en el centro.

## UN PLUSMARQUISTA

La almeja gigante tiene la concha más grande de la Tierra. Puede medir más de un metro de diámetro y pesar un cuarto de tonelada. Este molusco gigante, que se alimenta filtrando comida del agua, es uno de los invertebrados de mayor tamaño.

## UNOS TENTÁCULOS DIMINUTOS

Los pólipos coralinos capturan el plancton con los tentáculos urticarios que tienen implantados en varias series cirulares alrededor de la boca. Durante el día, se retraen hacia los esqueletos protectores, haciendo que el coral parezca una roca muerta. Por la noche, extienden los tentáculos para alimentarse.

## LA CORONA DE ESPINAS

Esta enorme y monstruosa estrella de mar se alimenta de pólipos coralinos. Hace mucho daño a los corales y ha destruido extensas zonas de la Gran Barrera de Arrecifes de Australia.

*En la cima de la cadena alimentaria marina están los grandes cazadores. Éstos comen peces grandes que capturan peces más pequeños, que, a su vez, se alimentan del zooplanton. Por lo tanto, las minúsculas plantas que fabrican comida a través de la fotosíntesis son la base de la vida de los océanos.*

# LOS DEPREDADORES Y SUS PRESAS

### PROPULSIÓN A CHORRO

Las vieiras tienen una manera singular de escaparse de las garras mortales de una estrella de mar hambrienta. Utilizan propulsión a chorro para despedirse del fondo oceánico y se alejan nadando expulsando un chorro de agua de la concha.

A diferencia de la mayoría de los otros moluscos de su tipo, las vieiras no se entierran en la arena o se aferran al lecho rocoso y, por lo tanto, pueden huir de un depredador merodeador.

El juego mortal de ataque y defensa se contempla en todos los niveles del océano. Las criaturas buscan presas constantemente. Sin embargo, ninguna captura es fácil ya que ningún animal, por muy grande o pequeño que sea, quiere acabar conviritiéndose en el almuezo de otro. Algunas criaturas, como el pez león (página 19), poseen un colorido muy vivo que alerta a los depredadores del peligro de sus espinas venenosas. Otros animales, sin embargo, deben tomar una acción evasiva si quieren sobrevivir a un ataque.

### NO HAY SALIDA

Ni siquiera las células urticantes de los tentáculos de las gelatinosas *Porpita* sirven de defensa contra el Glauco, un molusco sin concha (izquierda). El *Glaucus* avanza sigilosamente por debajo de la superficie del agua en busca de *Porpita* y cuando encuentra una se la come entera.

### UN ABRAZO MORTAL

La anémona marina, con sus 'pétalos' de vivos colores, parece hermosa e inofensiva. Sin embargo, si un pez pequeño se le acerca demasiado ya puede tener mucho cuidado puesto que los pétalos están armados de células urticantes venenosas. Una vez atrapado en su abrazo mortal, el pobre pez es arrastrado hacia la boca de la anémona, que está situada en el centro del anillo de los tentáculos.

## UN VUELO SUBMARINO

Muchas aves marinas se sumergen en el agua para atrapar comida pero el pingüino de las Galápagos persigue a los peces bajo el agua, utilizando sus alas en forma de aletas para propulsarse por el agua a gran velocidad. Cuando los peces nadan en bancos pueden confundir al pingüino, lo que a veces le impide decidirse por una presa determinada. Además, el brillo de sus cuerpos plateados puede también confundir al ave momentáneamente, permitiendo así que los peces se escapen.

## ASESINO AL ATAQUE

En una playa argentina una orca (llamada también ballena asesina) se acerca a la orilla para atacar a una manada de leones marinos. La orca, un mamífero que respira aire, está dispuesta a arrojarse sobre la playa para dar alcance a su presa. Este depredador de 10 metros de longitud es la única ballena que se alimenta de otras ballenas.

## EL TERROR DE LOS OCÉANOS

El pez más temido de los océanos es el gran tiburón blanco o jaquetón. Esta máquina voraz prefiere focas, tortugas y peces grandes, pero ha atacado a seres humanos en varias ocasiones y les ha propiciado terribles heridas con sus afilados dientes. La forma hidrodinámica del tiburón blanco le permite nadar sin esfuerzo a través del agua, utilizando su larga y poderosa cola como timón. Como carece de vejiga natatoria, tiene que nadar constantemente para mantenerse a flote.

# LA MIGRACIÓN

Se dice que los animales que se deplazan de un lugar a otro migran. Por ejemplo, el zooplancton realiza una migración diaria. Por la noche se alimenta del fitoplancton que vive en las aguas superficiales, pero en cuanto amanece se sumerge cientos de metros para huir de los depredadores hambrientos. Sin embargo, para otros animales marinos, la migración está más comúnmente asociada con la reproducción. Algunos peces, focas, ballenas y tortugas hacen migraciones espectaculares, llegando a nadar miles de kilómetros en viajes durísimos para empollar o alumbrar. Viajan a un lugar donde sus crías tengan altas posibilidades de sobrevivir, tal vez donde haya suficientes suministros de comida, guiados en su viajes por las corrientes oceánicas.

## EL CONGRIO

El congrio del norte del Atlántico es un cazador intrépido. Está provisto de unos afiladísimos dientes que apuntan hacia atrás para capturar a sus presas. El único terreno de desove conocido del congrio se encuentra en el norte de las Azores. Al parecer, todos los congrios de Europa occidental viajan hasta allí en verano para depositar sus huevos y después regresan a las aguas más frías del norte.

## UN MISTERIO MIGRATORIO

Las costumbres migratorias y reproductoras de la anguila europea fueron un misterio hasta el siglo XX. Entonces se descubrió que cuando alcanza la madurez sigue el curso de los ríos hasta llegar a los campos de desove del mar de los Sargazos (océano Atlántico). Allí desova en aguas profundas y después se muere. Tres años después aproximadamente, las crías, o angulas, llegan a Europa, en donde permanecerán hasta que estén listas para regresar a su territorio de desove en el océano Atlántico.

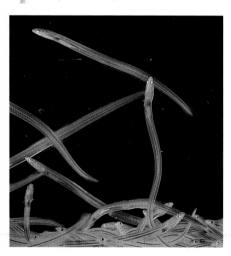

## LOS VIAJES DE LAS TORTUGAS

La tortuga verde o franca se acerca a la orilla para poner sus huevos. No obstante, no se reproduce en cualquier playa sino que recorre cientos o incluso miles de kilómetros hasta llegar al lugar donde nació. Amparada por la oscuridad de la noche, se adentra en la playa, donde utiliza sus largas y fuertes aletas para excavar un hoyo. A continuación, deposita los huevos, los cubre con arena y regresa al mar, abandonando las crías a su suerte.

## LA BALLENA FRANCA DEL SUR

Una ballena franca del sur emerge de las aguas del océano Glacial Antártico. Cuando les llega la hora de dar a luz, las hembras migran hacia las aguas más cálidas de sus áreas naturales de reproducción. Como allí no hay mucha comida, los animales adultos tienen que vivir de sus reservas de grasa hasta que puedan regresar a su territorio de alimentación.

## ¡DE MARCHA!

Las langostas viven cerca de la costa donde el lecho oceánico es rocoso. Durante la mayor parte del año, se esconden en grietas durante el día y salen de noche para alimentarse de gusanos y de animales muertos. Pero en otoño, a lo largo de la costa de Florida (EEUU) y del Caribe, su comportamiento cambia. Se agrupan en largas filas indias de hasta 50 langostas, cada una manteniendo contacto con la de delante con sus largas antenas. Se alejan de la costa y se adentran en las aguas profundas, donde se aparean.

## LAS LARVAS DE LOS CAMARONES

La hembra de un camarón, llamado *Parapandalus*, lleva los huevos pegados a las patas en la parte inferior del cuerpo. Vive a unos 500-700 metros de profundidad en las regiones sombrías del océano. Cuando los huevos se rompen, las larvas ascienden a la superficie para alimentarse del fitoplancton. A medida que crecen, cambian su dieta y empiezan a comer otros animales pequeños. Finalmente migran a las profundidades donde viven los adultos.

# LOS HUEVOS Y LAS CRÍAS

## UN "BOLSO DE SIRENA"

Éste es el nombre con el que se designa a la cápsula vacía y seca de los huevos de las pintarrojas, las rayas y las mantas, que a menudo arrastra la corriente del mar hasta la orilla. En la fotografía, un embrión de tiburón se sienta en su cápsula. El macho fertilizó a la hembra y cuando los huevos se desarrollaron la hembra depositó las cápsulas de los huevos y los ancló a unas algas a través de unos filamentos que están situados en las esquinas. Los embriones crecen en el interior alimentándose del saco vitelino hasta que se han desarrollado lo suficiente como para salir.

Muchos animales marinos no tienen una conducta de cortejo elaborada ni se preocupan por sus crías. Cuando le llega la hora, la hembra simplemente expulsa los huevos al agua mientras que el macho los fertiliza con su esperma. Los progenitores dejan que los huevos se desarrollen por sí solos y, cuando se rompen, las crías crecen sin la ayuda de sus padres. No obstante, los huevos y las crías constituyen el alimento de muchos animales. Por lo tanto, un solo animal pone cientos o incluso miles de huevos para que al menos unos pocos lleguen a adultos y puedan frezar, es decir, producir sus propios huevos. Pero no todos los animales se comportan de esta manera. Las ballenas, al igual que otros mamíferos, poseen un extraordinario instinto maternal. Cuando nacen, los ballenatos reciben la ayuda de las ballenas adultas para subir a la superficie en busca de oxígeno. Además, las madres los amamantan durante muchos meses y los protegen de los depredadores.

## UNA CARRERA DESESPERADA

Las crías de una tortuga boba se dirigen hacia el océano en busca de protección. Entre los cuarenta y los sesenta días después de la puesta, los huevos eclosionan y las tortugas recién nacidas se dirigen a toda prisa hacia el océano. Ésa es la etapa más peligrosa de su vida puesto que en cuanto salen a la superficie son presas fáciles para los pájaros marinos, cangrejos y otros depredadores. Un día volverán a la playa donde nacieron para poner sus propios huevos.

## LOS HUEVOS DEL CORAL CEREBRO

Los arrecifes coralinos se originan cuando diminutas larvas ciliadas del coral (llamadas plánulas) abandonan el medio planctónico y se fijan en una superficie resistente de las aguas templadas y superficiales para convertirse en pólipos (ver página 18). Las larvas se desarrrollan cuando un coral, como este coral cerebro, libera huevos y esperma al agua.

## LAS CRÍAS DE TIBURÓN

No todos los peces ponen huevos. Algunos tiburones son ovíparos pero la mayoría de ellos se reproducen como las ballenas y otros mamíferos y alumbran crías vivas. Después de aparearse con el macho, la hembra gesta un embrión que se desarrolla en el interior de su cuerpo. Cuando está completamente formado, la hembra expulsa el feto, que es idéntico a un tiburón adulto pero mucho más pequeño. En la foto vemos el nacimiento de una cría de tiburón.

## CAMBIO DE PAPELES

Sorprendentemente, es el caballito de mar macho el que guarda en su abultado abdomen los huevos depositados por la hembra a través de su tubo ponedor de huevos (ovopositor) y el que, después de inseminar los huevos recibidos de la hembra, los incuba y alimenta en su bolsa incubadora. Al cabo de pocas semanas, las crías rompen el huevo y están listas para salir. Entonces el macho comienza a convulsionarse hacia atrás y hacia adelante y en cada movimiento hacia atrás expulsa una cría. Da a luz a unos 200 caballitos de mar.

## METAMORFOSIS DEL LENGUADO

Cuando nace, el lenguado muestra el aspecto normal de la larva corriente de un pez, nada como cualquier otro pez y tiene un ojo a cada lado de la cabeza, pero a medida que crece, uno de los ojos se desplaza hacia el otro lado de la cabeza de tal forma que cuando es adulto, los dos ojos están en el mismo lado del cuerpo.

UN LENGUADO DE DIEZ DÍAS    UN LENGUADO DE TRECE DÍAS    UN LENGUADO DE VEINTIDÓS DÍAS    UN LENGUADO ADULTO

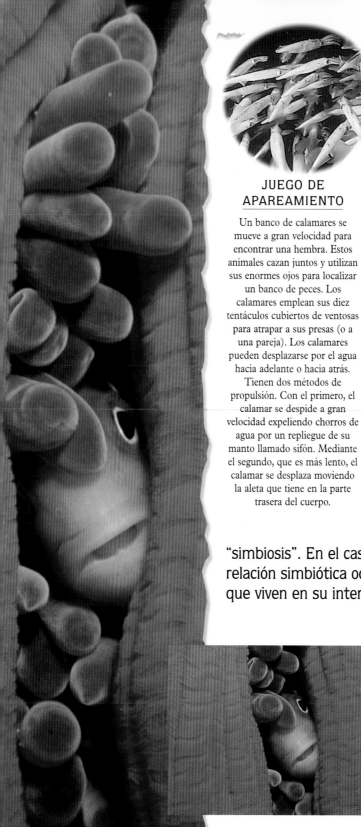

# LA CONVIVENCIA

A lo largo de los océanos se encuentran animales que conviven en armonía y forman a menundo relaciones muy íntimas. Estas relaciones no ocurren por casualidad sino que siempre hay un motivo subyacente. Algunos animales de la misma clase se agrupan y nadan en enormes bancos para defenderse de los depredadores o para atrapar comida con más facilidad. También se dan relaciones entre animales de diferentes clases en las que cada animal aporta alguna forma de beneficio al otro. Este tipo de relación se llama "simbiosis". En el caso de los pólipos de coral, la relación simbiótica ocurre entre los pólipos y las algas que viven en su interior (ver página 18).

## JUEGO DE APAREAMIENTO

Un banco de calamares se mueve a gran velocidad para encontrar una hembra. Estos animales cazan juntos y utilizan sus enormes ojos para localizar un banco de peces. Los calamares emplean sus diez tentáculos cubiertos de ventosas para atrapar a sus presas (o a una pareja). Los calamares pueden desplazarse por el agua hacia adelante o hacia atrás.

Tienen dos métodos de propulsión. Con el primero, el calamar se despide a gran velocidad expeliendo chorros de agua por un repliegue de su manto llamado sifón. Mediante el segundo, que es más lento, el calamar se desplaza moviendo la aleta que tiene en la parte trasera del cuerpo.

## EL PEZ PAYASO

Un pez payaso encuentra refugio en los tentáculos venenosos de una anémona marina que podrían paralizar a otros peces en cuestión de segundos. El cuerpo de un pez payaso está cubierto de una mucosidad que le hace inmune a las picaduras de la anémona marina. A cambio, la anémona se beneficia de los restos de la comida de su huésped o de la captura de depredadores que se acercan para atacar al pez payaso y, en su lugar, caen en los brazos mortales de la anémona.

## EL ERMITAÑO FELIZ

El cangrejo ermitaño avanza lentamente por el lecho marino. La concha en que vive y que protege su blando y vulnerable cuerpo pertenecía a un molusco y sobre ella ha colocado anémonas para que con sus tentáculos urticantes le protejan de sus depredadores. A cambio, las anémonas se alimentan de los restos de las comidas del cangrejo.

## UN BOSQUE FLOTANTE

Son muchos los animales que viven en los sargazos (algas pardas que flotan en el mar de los Sargazos), como cangrejos, gambas o percebes, todos ellos extraordinariamente adaptados a su hábitat. En la fotografía, un diminuto pez se confunde con los sargazos para pasar desapercibido por los depredadores. Al lado hay una anémona de mar, esperando que un pez se adentre en sus tentáculos urticarios. Tanto el pez como la anémona utilizan el color como camuflaje.

## SERVICIO DE LIMPIEZA GRATUITO

Los lábridos limpiadores lavan y cepillan la enorme boca de un bacalao sin que éste les lastime.
Los lábridos limpiadores ayudan al bacalao (y a otros peces) extrayendo de su boca parásitos o partículas de comida. A cambio, reciben comida gratis.

## EL AUTOESTOPISTA

En la fotografía vemos como una rémora es transportada por una manta. La rémora posee una potente ventosa en la cabeza que utiliza para fijarse a peces de mayor tamaño. Es muy frecuente ver rémoras adheridas a tiburones, soltándose para alimentarse de las sobras de la comida del anfitrión.

# El Hombre y el Océano

## EL TURISMO

Un submarinista admira los habitantes de un arrecife coralino. En la actualidad, está de moda pasar las vacaciones en un país cálido y la mayoría de los vereaneantes visitan localidades costeras. Tomar el Sol, pescar, navegar y bucear son tan sólo unas cuantas de las muchas actividades que ofrecen estos paraísos terrenales. Aunque el turismo representa una fuente de ingresos importantísima para la población local, es muy peligroso para el medio ambiente.

El hombre siempre ha estado en contacto con el océano, en un principio para la obtención de alimentos y posteriormente para la extracción de minerales. El hombre pesca en sus aguas desde hace miles de años y hoy en día la pesca sigue siendo una ocupación muy importante tanto en los países en vías de desarrollo como en los desarrollados. No menos significativa es la minería. Por ejemplo, a la antiquísima extracción de sal se le han unido el dragado de arena y gravilla y la explotación de petróleo y gas (ver foto). El turismo también se ha convertido en una industria relevante y en muchas comunidades costeras tradicionales ha reemplazado a la pesca como principal fuente de ingresos.

## LA PESCA

Este barco pesquero escocés sube su captura a bordo. Día y noche, grandes barcos pesqueros de todo el mundo recolectan la generosidad de los océanos para satisfacer la creciente demanda de pescado. Como hoy en día disponen de barcos de una potencia más elevada, una tecnología más avanzada y redes más grandes, pueden permanecer en el mar más tiempo y traer a casa capturas más grandes. Para evitar la pesca excesiva y el agotamiento de las existencias de pescado, hay tratados internacionales que fijan límites precisos en el tamaño de la captura de un país.

## LA PESCA
## DE PERLAS

Un pescador de perlas de
Tailandia trae su
captura de ostras a la
superficie. Las perlas
se forman alrededor
de un cuerpo
extraño, como un
grano de arena, en
el interior de la
concha de una ostra
o de un mejillón y tardan varios años en crecer. La pesca
de perlas es una tarea difícil y peligrosa. Este pescador
utiliza un equipo de buceo provisional fabricado con
un generador y unos tubos de goma. Las joyas
perladas son valiosísimas, de ahí que el dinero que
gana un pescador en la venta de las perlas compense
el riesgo de la profesión.

## PESCADORES CON
## ZANCOS

En las sociedades tradicionales, los
métodos de pesca no han cambiado
en cientos de años. En la fotografía,
un pescador de Sri Lanka se sienta
en sus zancos mientras espera
pacientemente hasta que un pez
muerda el anzuelo. Para los
habitantes de los pueblos costeros
de los países pobres, los océanos
son a menudo su única fuente de
alimento. Para muchos es su único
sustento, pero a menudo se ven
amenazados por los barcos
pesqueros extranjeros que se
apoderan de las existencias de
pescado locales.

# LA PROTECCIÓN DE LOS ARRECIFES CORALINOS Y DE LOS OCÉANOS

**D**esafortunadamente, el hombre continúa sin darse cuenta del efecto que tienen sus acciones en el medio ambiente. Como los océanos son muy grandes, se han tratado con enorme negligencia. Los desperdicios venenosos arrojados al mar se filtran en la cadena alimentaria y terminan afectando a todos los seres vivos de los océanos. Al no disponer de límites reales, los efectos pueden extenderse más allá del medio ambiente local. No obstante, gracias a la concienciación del hombre, se han realizado grandes progresos en la protección de los océanos. Por ejemplo, en 1992 se acordó un programa ambiental, la Agenda 21, que comprende medidas de protección del medio ambiente marino.

## LA CONTEMPLACIÓN DE BALLENAS

El turismo ha llegado incluso a las gélidas aguas del océano Glacial Antártico. En la fotografía, un grupo de turistas observa desde un bote inflable las impresionantes acrobacias acuáticas de una yubarta. La contemplación de ballenas se ha convertido en una forma de turismo novedosa y popular, pero si no se regula puede que las operaciones en barco interfieran con la vida cotidiana de las ballenas, especialmente en la época de apareamiento. Si las ballenas se sienten acosadas, es probable que abandonen sus lugares de crianza habituales porque no se sentirían seguras en ellos y sería desastroso para el futuro de estos majestuosos mamíferos.

## CRIADEROS DE TORTUGAS

En muchos países, los huevos de tortuga son muy apreciados. Por la noche, las tortugas salen a la orilla para empollar y los lugareños patruyan las playas y recogen los huevos para venderlos en los mercados locales. Algunos países se han esforzado por proteger los huevos. En Sri Lanka, los huevos de tortuga verde se ponen en un criadero para que estén protegidos y las crías de tortuga se liberan directamente al océano.

## PROTECCIÓN DE LOS ARRECIFES CORALINOS

Algunos arrecifes coralinos se han convertido en reservas naturales marinas para protegerlos de su excesiva explotación, como son el saqueo de corales, esponjas y conchas para su posterior venta a los turistas o la captura de peces para las tiendas de animales domésticos. Se han descubierto otras maneras de desarrollar el turismo en estos lugares y se han creado empleos locales sin dañar los delicados arrecifes coralinos.

## EL DELFÍN: TODO UN REGOCIJO

A pesar de ser salvajes, los delfines mulares de Monkey Mia, en el oeste de Australia, se acercan a las aguas poco profundas en busca de contacto humano. Esta interacción nos permite estudiar a los delfines salvajes, con la esperanza de conocerlos mejor. Aunque casi existen 40 especies de delfín, algunas están amenazadas por las redes de pesca, la sobrepesca y la contaminación.

## LIMPIEZA

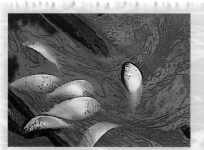

La contaminación constituye una de las principales amenazas para el medio ambiente marino. Para solventar este problema, se han aprobado leyes que prohiben a los petroleros limpiar sus depósitos en el mar y arrojar desechos peligrosos, como los radiactivos. Asimismo, muchos países han tomado medidas para reducir la contaminación por fuentes urbanas, industriales y agrícolas, como las aguas residuales sin tratar y las sustancias químicas tóxicas arrojadas a los ríos que acaban fluyendo hasta los océanos.

Publicado en México en 2000 por
Advanced Marketing, S. de R. L. de C.V. bajo el sello Silver Dolphin

Título original: Under the Ocean
Traducción al español: Olga Nuñez
Reproducción autorizada bajo convenio con ticktock Publishing Ltd, UK
Coordinador de Proyecto: Mauricio Plasencia

Copyright © 2000 para la versión en español publicada en México: Advanced
Marketing, S. de R.L. de C.V. Aztecas 33, Col. Santa Cruz Acatlán, C.P.
53150, Naucalpan, Edo. de México, México

ISBN: 968-5308-26-8

Impreso en Hong Kong / Printed in Hong Kong.

1  2  3  4  5    00  01  02  03  04

Créditos de las ilustraciones: a=arriba, ab=abajo, c=centro, i=izquierda, d=derecha, P=portada, CP=contraportada, IP=interior de la portada.

Andy Crump/Still Pictures; 5ab. BBC Natural History Unit; 16ab. B&C Alexander; 22/23a. Bruce Coleman Limited; 6abi, 26ca, 31ad.
Innerspace Visions; P, 20/21ab. Michel Freeman/Auscape; 28/29ca. NHPA; 12ai, 24/25 c. Oxford Scientific Films; 2abi, 4ai, 5cd, 8ci, 9ad, 9bi,
11cd, 13cd, 14ai, 17ad, 18l & 18ci, 18/19cab, 19td, 20ai, 20ci, 20abd, 22/23c, 26i, & 26bi & CP, 27ad, 27cd, 27abd, 28ai, 29ca, 30i & 30abi,
30/31c. Planet Earth Pictures; P abi, CP, IP, 2l &2ci, 2/3c, 3cd, 3bd, 4abi, 5tr, 6/7c, 6/7cab, 6/7ca, 8l, 8cd, 8/9c, 9cd, 10ai, 10abi, 10/11c,
10/11cab, 11br, 12abi, 12abd, 12/13c, 13a, 13ci, 15ad, 15abd, 16ai, 17c, 17ai & 32, 18/19ca, 19abd, 21ab, 22ad, 22ab, 23ab, 23ad, 24ai,
24/25ca, 25ad, 25c, 26/27, 28abi, 30/31cab, 31cd. Telegraph Colour Picture Library: 6ai, 14abi, 14/15c, 18/19c.
Tony Stone; 28/29 c.

Hemos hecho todo lo posible por localizar a los titulares del *copyright* y pedimos disculpas de antemano por las posibles omisiones
involuntarias. Nos complacería introducir los agradecimientos pertinentes en las ediciones futuras de este libro.